¡Vengo con Instrucciones!

Esto es más que un libro. También es más que un

manual de instrucciones; es ambos y es necesario. Es una guía para que entiendas a tus peques, para que ellos se entiendan a sí mismos y para que también te entiendan a ti. w

Valores implícitos

Crianza respetuosa y asertiva. Educación con valores y respeto. Manejo y gestión de las emociones. Comprensión y empatía. Límites seguros y necesarios. Tolerancia a la frustración.

¡Vengo con Instrucciones!

© del texto: Sara Roiget
© de las ilustraciones: IA dirigida por Sara Roiget
© del diseño y corrección: Equipo BABIDI-BÚ

© de esta edición:
Editorial BABIDI-BÚ, 2025
Avda. San Francisco Javier, 9, 6ª, 23
Edificio Sevilla 2
41018 - SEVILLA
Tlfn: 912.665.684
info@babidibulibros.com
www.babidibulibros.com

Impreso en España
Primera edición: diciembre, 2025

ISBN: 979-13-87982-45-4
Depósito Legal: SE 2242-2025

¡Vengo con Instrucciones!

Sara Roiget

A mis padres, a mi hermano y a mi pareja, que siempre son los primeros en aplaudirme, pero también en arroparme.

A Maite, mi mentora, por enseñarme el maravilloso mundo de la infancia.

A todos los niños y niñas de mi consulta. Todo esto es por y para vosotros. Sois el motor de mis ganas, sois quienes me exigen mejorar y aprender cada día más. Gracias por confiarme vuestro maravilloso mundo.

INSTRUCCIONES

Gracias a muchos autores y a sus aportaciones desde diferentes perspectivas, hoy en día es un poco más sencillo saber qué le pasa a nuestro peque en cada etapa. Por ende, también resulta más fácil acompañarlo y guiarlo en el proceso incansable de desarrollo y aprendizaje. De ahí nacen nuestras esperadas instrucciones, nuestros hitos evolutivos.

Este no es un libro para vosotros. Es un libro para todos: para papás, mamás, profesores y profesoras, cuidadores y cuidadoras. Y, sobre todo, para ellos, nuestros peques, para una infancia y desarrollo sanos, felices y mágicos.

Este manual de instrucciones se divide en dos partes claramente diferenciadas. Una de ellas, la vuestra, consiste en una enumeración de los hitos esperados en las determinadas edades cronológicas, una explicación de las causas o características que pueden estar comprometiendo las conductas de vuestros pequeños y unas sencillas recomendaciones para gestionar cada etapa. La intención de esta descripción es que podáis identificar los distintos hitos del desarrollo, pudiendo diferenciar si la conducta o comportamiento actual de vuestro peque es «normativo» o, por el contrario, hay alguna otra causa escondida. También y principalmente, os servirá para comprender su conducta en cada etapa del desarrollo, acompañarlos de la mejor manera y proporcionarles un espacio seguro.

La segunda parte, la divertida, consiste en un cuento para vuestros pequeños y pequeñas. Hay un cuento para cada etapa del desarrollo, crisis o gestión. Dependiendo de la edad, puedes leérselo o hacer que lo lea el peque. Cada cuento tiene como intención ayudarles a comprender, gestionar y resolver una dificultad en concreto.

Este manual, como todos, también tiene normas. Son sencillas, pero imprescindibles para usarlo correctamente:

- Este libro sirve como ayuda para la crianza; en ningún caso sustituye ningún tipo de terapia infantil. Si crees que tu peque tiene cualquier tipo de dificultad, consulta a un especialista en psicología infantil.

- Como os he comentado, cada peque es un mundo totalmente diferente. Cada uno se desarrolla a su ritmo, y no todas las etapas suceden de la misma manera en cada personita. Los hitos evolutivos suponen una guía para conocer lo que es normativo, pero no son un reglamento definitivo para establecer lo que es correcto o no en cada caso.

- Este libro es un juego, una actividad divertida a la vez que educativa. Si, en alguna ocasión, a tu peque no le apetece leerlo o escucharte mientras tú lo haces, déjalo para otro momento.

- Siempre, siempre, siempre, acompañaréis la lectura de este libro con mucho cariño. Las palabras no son nada sin una intención. Abrazos, besos, caricias. Eso es lo que más necesitan nuestras criaturitas.

¿Preparados y preparadas? ¡Allá vamos!

PRIMERA INFANCIA

Periodo neonatal y sensoriomotor (0-2 años)

Durante esta etapa, nuestros pequeños establecen sus primeros vínculos afectivos. También se inicia la exploración del entorno a través de los sentidos y la acción motora, que es su manera de conocer el mundo y a las personas que los rodean.

Es fundamental que en esta etapa entendamos varias premisas. La primera de ellas, la dificultad que supone para un bebé llegar al mundo. Nuestro peque lleva nueve meses viviendo en la gloria: recogido, arropado, alimentado... para tener que enfrentarse ahora a un mundo lleno de ruidos, y donde va a tener que pedir lo que antes se le concedía sin tener que decir nada. El nuevo integrante va a llorar, y mucho. Es la única manera que tiene de pedir que se escuchen y satisfagan sus necesidades.

La segunda premisa sería el tema de las visitas. Suele ser motivo de confrontación entre ambos progenitores. ¿Quién viene a ver al bebé? ¿Quién no? Esto es algo que debéis decidir entre ambos. Sin embargo, tened en cuenta la primera premisa: si ya es complicado llegar a un mundo lleno de nuevos ruidos... imaginaos lo complicado que puede ser ir de brazo en brazo. Vosotros ponéis los límites y debéis ponerlos sin sentiros mal por ello. Vuestra prioridad número uno es atender a vuestro nuevo integrante.

La tercera premisa se la voy a dedicar a las mamás. Vosotras habéis llevado, nada más y nada menos que nueve meses, a esta nueva personita dentro de vosotras. La habéis protegido con vuestra vida y os la han arrebatado de vuestro cuerpo para que viva en el suyo propio. Muchas personas os preguntarán por la criatura. Espero que muchas otras sean capaces de preguntaros cómo estáis vosotras. Y espero y deseo también que la persona que tengáis al lado sepa ofreceros el descanso y el reconocimiento que merecéis. Os pido, os ruego, que le exijáis este descanso.

La cuarta y última premisa que debemos tener en cuenta son las rutinas. No os habéis comprado un coche. No habéis estrenado una casa. Acabáis de traer al mundo una vida. Todo lo demás, absolutamente todo, pasa a segundo plano. Dentro de las posibilidades de cada familia, intentad que las personas que os rodean os puedan ayudar en las tareas y responsabilidades que conforman una vida y un hogar. Y vosotros, progenitores, dedicaos a cuidar al bebé y cuidaros a vosotros. Mientras uno lo abraza, el otro se ducha. Mientras una lo amamanta o le ofrece leche materna, el otro descansa. Haced turnos para cuidar del peque sin descuidar vuestras necesidades básicas. Cuanto mejor estéis vosotros, mejor estará aquel que os necesita tanto.

Edad	Físicos	Emocionales	Cognitivos	Morales	Sensoriomotores (Piaget)
0-3 meses	Levanta la cabeza, movimientos reflejos, empieza a coordinar manos y boca.	Sonríe a estímulos, reconoce voces familiares.	Responde a sonidos, sigue objetos con la mirada.	Reacciona al tono de voz, responde a estímulos positivos o negativos.	Reflejos innatos, succión, movimientos involuntarios.
4-6 meses	Sostiene la cabeza, gira sobre sí mismo, comienza a agarrar objetos.	Muestra alegría al ver a los cuidadores, responde a emociones ajenas.	Reconoce su nombre, explora objetos con la boca.	Empieza a diferenciar entre situaciones placenteras y desagradables.	Reacciones circulares primarias, explora su cuerpo.
7-9 meses	Se sienta sin apoyo, gatea, coordina mejor sus movimientos.	Ansiedad ante extraños, expresa emociones básicas con claridad.	Busca objetos escondidos, entiende causa y efecto.	Muestra preferencia por ciertas personas y rechaza a otras.	Reacciones circulares secundarias, manipula objetos intencionalmente.
10-12 meses	Se pone de pie con apoyo, empieza a dar pasos.	Apego evidente, busca el consuelo de sus cuidadores.	Imita gestos simples, señala lo que quiere.	Imita normas básicas de los cuidadores.	Coordinación de esquemas, busca objetos escondidos.
13-15 meses	Camina solo, comienza a subir escaleras con ayuda.	Empieza a mostrar celos, imita emociones.	Sigue instrucciones simples, reconoce partes del cuerpo.	Empieza a entender consecuencias inmediatas de sus acciones.	Reacciones circulares terciarias, experimenta con objetos.
16-18 meses	Corre, sube y baja escaleras, empieza a lanzar objetos.	Expresa frustración, empieza a mostrar independencia.	Identifica objetos y personas familiares, comienza a resolver problemas sencillos.	Busca aprobación y reacciona a normas sencillas.	Descubrimiento de soluciones nuevas, prueba diferentes acciones.
19-24 meses	Mayor control motor, usa utensilios, salta con ambos pies.	Mayor autonomía, empieza a compartir y jugar con otros.	Usa símbolos en el juego, entiende conceptos básicos.	Primeras nociones de cooperación y justicia en el juego.	Representación mental, uso de símbolos y juego imaginativo.

Crisis	Características	Cómo Gestionarla
Crisis de miedo (0-6 meses)	Llanto o sobresalto ante ruidos fuertes, cambios bruscos o personas desconocidas.	Evitar ruidos fuertes, proporcionar contacto físico y hablar con voz calmada.
Crisis de irritabilidad (0-6 meses)	Llanto intenso cuando sus necesidades básicas no son cubiertas rápidamente.	Responder rápido a sus necesidades, mantener rutinas y ofrecer contacto piel con piel.
Crisis de tristeza (0-6 meses)	Llanto prolongado debido a falta de contacto o separación de los cuidadores.	Asegurar contacto físico frecuente, no dejar al bebé solo por mucho tiempo.
Crisis de ansiedad ante extraños (7-8 meses)	Miedo o rechazo hacia personas desconocidas, incluso familiares lejanos.	No forzar interacciones, permitir que el bebé observe y se adapte a nuevas personas poco a poco.
Crisis de ansiedad por separación (9 meses)	Llanto e irritabilidad cuando los cuidadores se alejan.	Jugar al «cucu-tras», hacer despedidas cortas y asegurar un entorno de confianza.
Crisis de enfado intencionado (6-12 meses)	Frustración cuando no consigue lo que quiere, como alcanzar un objeto.	Brindar alternativas seguras para explorar y reforzar pequeños logros.
Crisis de celos (18+ meses)	Rechazo o enfado cuando otro niño o adulto recibe más atención.	Dedicar tiempo exclusivo al bebé, evitar comparaciones y reforzar el vínculo afectivo.
Crisis de vergüenza y timidez (18 meses)	Evitación ante figuras desconocidas o cuando percibe desaprobación.	No forzar interacciones, validar sus emociones y darle confianza.
Crisis de rabia y frustración (18-24 meses)	Pataletas, llanto o gritos por no poder expresarse verbalmente.	Nombrar sus emociones, mantener límites claros y ofrecer opciones para dar control.
Crisis de empatía inicial (20-24 meses)	Intenta consolar a otros sin comprender completamente las emociones.	Modelar empatía, reforzar sus intentos de consuelo y explicar emociones con palabras sencillas.
Crisis de desafío y testadurez (24 meses)	Dice «no» constantemente, prueba límites y desafía normas.	Ser firmes pero cariñosos, dar opciones en lugar de órdenes y explicar las reglas con paciencia.

El Gran Rugido del Bebé León

En la selva encantada, vivía un pequeño león llamado Leo. Leo tenía una melena diminuta y patas torpes, y un rugido… muy chiquitito.

Un día, un trueno retumbó en el cielo. ¡BOOM! Leo dio un brinco y comenzó a llorar. «¡No me gusta el ruido!», pensó.

Su mamá, que no escuchó su lamento, pero lo intuyó, le acarició la cabeza y le susurró:

—Todo está bien, mi pequeño león. El ruido se calmará y podrás volver a sentirte seguro.

Mamá leona arropó a Leo entre sus brazos y le cantó al oído mientras lo mecía suavemente.

Con su mamá cerca y su ronroneo calmado, Leo descubrió que el trueno no era tan aterrador si estaba en un lugar seguro.

Truquitos: evitar ruidos fuertes, proporcionar contacto físico y hablar con voz calmada.

Drake, el dragón impaciente

Drake era un bebé dragón que odiaba esperar. Si su biberón no llegaba rápido, rugía como un volcán en erupción.

Un día, papá dragón intentó explicarle:

—Si ruges tanto, no escucho qué necesitas.

Pero papá dragón también se dijo a sí mismo: «El pequeño Drake está acostumbrado a tener todo lo que quiere en todo momento… ¡lleva nueve meses viviendo a cuerpo de rey! Es normal que no pueda esperar a que se cumplan sus necesidades».

Desde entonces, papá dragón intentaba tener todo listo antes de que Drake rugiera y, cuando él se impacientaba, le cantaba una canción mientras preparaba su comida.

Truquitos: mantener rutinas, contacto piel con piel y hacer turnos entre cuidadores para atender sus necesidades.

Sarita, la osita solitaria

Sara, una osita de pelaje dorado, se ponía triste cuando estaba sola. Si sus papás se alejaban, lloraba desconsolada. Un día, su abuela osa la abrazó y le dijo:

—Siempre estaré aquí, y tus papás vendrán enseguida para estar también contigo.

Así que ella empezó a darle abrazos extralargos y a mantenerla cerca.

Poco a poco, la osita Sarita Osita se sintió más segura y descubrió que sus papás siempre volvían, y que la abuela también era una gran compañía.

Abuela Osita también les recordó algo muy importante a mamá y papá oso:

—Cuando Sarita Osita estaba en la barriguita, nunca os separabais de ella. Todo lo que tengáis que hacer ahora puede esperar. Podéis y debéis pedir ayuda si la necesitáis, de la misma manera que Sarita Osita os la pedirá cuando la necesite.

Truquitos: asegurar el contacto físico frecuente y derivar responsabilidades menos importantes.

Pipo, el pollito

Pipo, un pollito amarillo, aún era muy joven. A veces, tenía miedo de las visitas. Cada vez que llegaba alguien nuevo, se escondía detrás de sus papás.

—No tienes que saludar si no quieres —le dijo su mamá.

—Cuando estés preparado, podrás dar besos o abrazos —le dijo su papá.

Papá y mamá pollo les recordaron esas mismas palabras a todas las visitas que llegaban, por si se les olvidaba que Pipo Pollito era nuevo en este mundo, y todas las caras que no fuesen sus cuidadores le resultaban extrañas…

—Pipo Pollito aún es muy pequeñito. Solo se siente tranquilo cerca de nosotros. Dadle un poco de tiempo para que vaya creciendo. Cuando esté listo, dejará que lo cojáis en brazos y le deis abrazos.

Así que Pipo observaba desde lejos hasta que, poco a poco, se sentía listo para acercarse. Un día, se animó y ¡hasta le regaló un grano de maíz a la tía Gansa!

Las visitas, por su parte, entendían que Pipo Pollito necesitaba adaptarse a su ritmo, pues acababa de salir de una cueva para descubrir el mundo de fuera.

Truquitos: no forzar interacciones, permitir que el bebé observe y se adapte a su ritmo.

¡Cucutrás, el juego mágico de Nicolás!

Nico era un mapache bebé que lloraba cuando sus papás salían de la madriguera.

—¡No os vayáis! —chillaba a su manera.

Sus papás entendían el enfado de Nicolás, pues ellos eran las personas más importantes y cercanas de su vida. Pero le enseñaron un juego mágico: cucutrás.

Se escondían y reaparecían diciendo:

—¡Siempre volvemos!

Con el tiempo, Nico entendió que sus papás nunca desaparecían para siempre, solo por un ratito. Y ellos, por su parte, entendieron que Nico era muy jovencito y que ya tendrían tiempo para volver a su rutina ajetreada cuando creciera un poquito más.

Truquitos: el juego de cucutrás, despedidas cortas y seguras y peluche de apego.

La tortuga Tina

La tortuga Tina siempre estaba jugando y descubriendo el mundo. Un día, quiso alcanzar una manzana, pero estaba demasiado alta. Se enfadó tanto que sacudió su caparazón y hasta lloró un poco.

—Puedes intentarlo con esta otra, Tina —le dijo su mamá mientras le señalaba otra manzana, más verde y brillante que la que la pequeña tortuga había visto. Luego, le ofreció una ramita que le permitía llegar mejor hasta ella.

Tina cogió la ramita y la usó para hacer caer la manzana que su mamá tortuga le había mostrado. ¡Y funcionó! Así, papá y mamá tortuga le ofrecían alternativas cada vez que Tina no conseguía lo que se proponía.

Truquitos: ofrecer alternativas seguras, reforzar pequeños logros, permitirles que se frustren (es una emoción natural y sana como cualquier otra) y ofrecer herramientas para gestionar la frustración.

Celosín pequeñín

Celosín, un pequeño burrito, se enfadaba cuando su hermanito o su prima pequeña recibían más abrazos que él. Celosín no entendía por qué tenía que compartir a sus personas favoritas; pensaba que le pertenecían por completo, incluso que solo existían para él.

Un día, su papá, que se había dado cuenta, lo llevó a una aventura especial:

—Hoy serás mi ayudante real.

Celosín ayudó a vestir a su hermano pequeño y recibió muchos abrazos por su ayuda. A partir de ese día, sus papás le nombraron ayudante real de la casa y lo involucraban en todas las tareas de alguna u otra manera. Además, pasaba ratos enteros con cada uno de sus cuidadores.

Truquitos: dedicar tiempo exclusivo (hacer turnos entre cuidadores), evitar comparaciones e involucrarlos en la vida diaria sin asumir responsabilidades completas.

Ramón, el ratón tímido

Ramón, el ratón, era un pequeño gamberro. Siempre estaba contento y corría por la casa como si no hubiese un mañana. Pero se escondía cada vez que llegaban visitas.

—No tienes que hablar si no quieres —dijo su mamá.

—No tienes que abrazar si no quieres —dijo su papá.

Los papás de Ramón, el ratón, entendían que él no tenía por qué saludar, abrazar, ni dar besos a quienes no conocía, pues ellos, como adultos, tampoco lo hacían. Comprendían que no siempre estuviera de humor, reconociendo que ellos mismos tenían días en los que no les apetecía comunicarse o encontrarse con nadie.

Así que Ramón se sentó en su rincón hasta que, un día, se sintió listo para acercarse. Poco a poco, se desenvolvía con más soltura, porque papá y mamá ratones le dieron su espacio para mostrarse como se sintiera en cada momento.

Truquitos: no forzar las interacciones, validar las emociones y ofrecer confianza mediante el juego (podéis probar juegos de rol, que el peque practique interacciones sociales con muñecos).

El huracán de Hera

Hera, una pequeña canguro, se enfadaba mucho cuando no podía decir lo que quería. Se frustraba, pues deseaba algo y no sabía cómo expresarlo.

—¡Grrr! ¡Ahhh! —gritaba, furiosa. Daba patadas y lloraba sin parar.

Su mamá no sabía cómo ayudarla, pero se le ocurrió enseñarle unas pequeñas palabras mágicas:

—Hera, solo tienes que decir «ayuda» si necesitas algo.

Su papá le mostró cómo hacerlo:

—Mamá, ¡ayuda!

Hera empezó a usar sus nuevas palabras, cortas pero precisas, y su enfado se volvió más pequeño. Al principio no fue fácil, pues seguía llorando y gritando cuando se enfadaba. Pero sus cuidadores, armados de paciencia, le mostraban cómo hacerlo cada vez que eso pasaba.

Truquitos: ponerle nombre a las emociones y a las necesidades, reforzar con el ejemplo de los cuidadores, mantener los límites y ofrecer opciones.

Eli, la empática elefanta

Eli, una pequeña elefantina, tenía un amigo llamado Bruno. Eli y Bruno eran mejores amigos; pasaban mucho tiempo juntos y se divertían jugando.

Un día, Eli Elefantina vio a su amigo llorar y, sin saber por qué, empezó a llorar ella también. Entonces le llevó su peluche. No le dijo nada, porque no sabía qué le pasaba ni cómo ayudarlo, pero le ofreció algo para intentar calmarlo.

Su papá sonrió y le explicó:

—Cuando alguien llora, necesita cariño.

Eli no terminaba de entender qué pasaba ni cómo ayudar a su amigo Bruno, pero sí aprendió que ayudar a otros la hacía sentirse bien. Aprendió a compartir sus peluches y a dar abrazos cuando sus amigos estaban tristes.

Truquitos: modelar, ejemplificar y explicar la empatía.

Toño, el rey del «no»

Toño, un monito travieso y juguetón, siempre estaba haciendo el gamberro. Eso sí, cuando sus papás se lo pedían, Toño los escuchaba y atendía. Pero un día, Toño aprendió la palabra «no». No entendía exactamente el significado de esa palabra y tampoco si lo que en realidad buscaba era saber dónde estaban los límites y descubrir qué pasaba cuando no los cumplía. Desde que lo hizo una vez, Toño empezó a decir NO a todo.

—Es hora de comer.

—¡No!

—Vamos al parque.

—¡No!

Entonces su mamá cambió de estrategia:

—¿Quieres la camiseta roja o azul?

—¿Quieres comer salchichas o macarrones?

Toño se emocionó con la idea de tener opciones; sus papás nunca antes le habían ofrecido esa posibilidad. Entonces, cambió el NO por alguna de las alternativas que sus papás le proponían.

Truquitos: ofrecer opciones en vez de órdenes y explicar los límites con paciencia.

PRIMERA INFANCIA
Periodo preescolar (2-6 años)

Durante los primeros veinticuatro meses de vida, nuestro pequeño crece físicamente a una velocidad asombrosa. Esta es la razón por la que los papás y mamás expresan la edad de sus hijos e hijas en meses, en lugar de hacerlo en años. Este crecimiento físico disminuye gradualmente su intensidad, permitiendo un mayor desarrollo cognitivo y emocional, lo que da paso a la etapa preescolar.

Durante esta etapa, que sigue formando parte de la primera infancia, nuestros peques adquieren más capacidades para entender el mundo que los rodea, sin saber aún comunicarse con fluidez y eficacia. Esta combinación suele provocarles frustración, lo que comúnmente llamamos «rabietas» y «estar rebelde». Sin embargo, debemos tener en cuenta su situación: después de una etapa de limitaciones físicas, su pequeño cuerpo ha crecido hasta poder moverse con mayor fluidez, lo que los lleva a querer «comerse el mundo». Ahora quieren experimentar, correr y jugar sin límites.

Es muy importante que comprendamos su situación para actuar en consecuencia. Durante esta etapa, debemos potenciar su voluntad innata de descubrir y sus deseos de conocer, aprender y experimentar. Para todo ello, es necesario que se manchen, que ensucien la casa y que hagan alguna que otra «trastada». Están descubriendo hasta dónde pueden llegar. Si limitamos esta curiosidad, quedará restringida de ahora en adelante. Si la casa se ensucia, se limpia. Si la ropa se mancha, se pone en la lavadora. Y si hacen alguna trastada, les pondremos límites seguros, pero amplios.

En cuanto a vosotros, progenitores, sentiréis que en alguna ocasión la paciencia se agota. Es común y natural durante esta etapa, pues su energía es desbordante e incansable. Mi recomendación es que encontréis momentos para vosotros mismos, de manera individual y también como pareja. Una vez pasado el periodo neonatal, es mucho más factible dejar al pequeño en casa de los abuelos, con sus tíos o con alguna persona de confianza. Evidentemente, esto se debe hacer de manera equilibrada.

Podéis establecer un día a la semana (o dos) para dedicaros el uno al otro: salir a cenar o a comer juntos, o reservar algún rato para hacer deporte o dedicarlo al autocuidado.

Área	2-3 años	4-5 años	5-6 años
Física	Camina y corre con mayor estabilidad, sube y baja escaleras con apoyo.	Salta, pedalea triciclos, mejora la motricidad fina.	Corre con agilidad, usa tijeras y lápices con precisión.
Emocional	Expresa emociones básicas, muestra apego a figuras cercanas.	Mayor autonomía, regulación emocional inicial.	Empatía más desarrollada, comprende emociones complejas.
Cognitiva	Lenguaje en desarrollo, usa frases cortas, reconoce formas y colores.	Amplia vocabulario, inicia el pensamiento lógico concreto.	Comprende secuencias, mayor razonamiento y resolución de problemas.
Moral	Sigue normas básicas por imitación, busca aprobación adulta.	Distingue entre lo permitido y lo prohibido, sigue reglas simples.	Interioriza normas, comprende la justicia y consecuencias.

Edad	Crisis	Características	Recomendaciones
2-3 años	Rabietas y frustración por falta de lenguaje.	Expresan frustración con llantos, gritos, y conductas oposicionistas. No regulan las emociones por sí solos.	Ofrecer opciones limitadas, enseñar palabras para expresar emociones, mantener la calma.
2-3 años	Ansiedad por separación al inicio del preescolar.	Miedo a lo desconocido, llanto al despedirse de los cuidadores, dificultad de adaptación a nuevas rutinas.	Establecer rutinas, despedidas cortas y seguras, fomentar la seguridad emocional.
2-4 años	Dependencia excesiva de los cuidadores.	Buscan contacto físico constante, pueden rechazar a extraños.	Fomentar pequeñas separaciones progresivas, establecer rutinas predecibles.
	Impulsividad.	Actúan sin pensar en qué vine después, dificultad para esperar en colas o en turnos, reaccionan emocionalmente de forma intensa.	Enseñar técnicas de respiración desde bien peques, etiquetar las emociones y ofrecer alternativas físicas sanas de desahogo.
4-5 años	Miedo a la oscuridad o criaturas imaginarias.	Desarrollan una imaginación vívida, pueden tener dificultades para dormir.	Validar sus emociones, ofrecer un objeto de confort, mantener una luz tenue, rutinas para dormir.
4 - 6 años	Egocentrismo.	Dificultad para compartir o ceder, no ven más allá de síí mismos.	Explicar la empatía de manera sencilla, ejemplificar la empatía con situaciones diarias.
4 - 6 años	Dificultad para compartir y seguir reglas en juegos.	Se frustran si pierden, pueden intentar hacer trampa, aun les cuesta negociar el juego.	Fomentar el juego cooperativo, explicar normas con ejemplos, reforzar el respeto mutuo.
5-6 años	Explosiones emocionales a deseos no satisfechos (probar límites).	Están inspeccionando dónde están los límites, y las consecuencias de no cumplir dichos límites.	Establecer límites claros con opciones limitadas, ofrecer consecuencias directas y no castigos.
5-6 años	Preguntas complejas sobre su entorno (muerte, nacimiento, etc.).	Empiezan a cuestionarse el mundo que les rodea, pueden mostrar ansiedad o nerviosismo ante respuestas ambiguas.	Responder con información precisa y sencilla, sin detalles innecesarios que les hagan más complicada la comprensión del concepto. Fomentar la curiosidad y la confianza para que sigan preguntando y aprendiendo.

El volcán de Lucía

Lucía era una pequeña elefanta que, cuando no podía explicar lo que quería, ¡se convertía en un volcán! Bufaba, pataleaba el suelo y hacía un gran estruendo con su trompa. Su mamá elefanta, ante esto, le enseñó una estrategia mágica: en lugar de hacer erupción, podía usar las palabras.

—Si quieres agua, di «agua»; si quieres jugar, di «jugar» —le decía con calma.

Con el tiempo, Lucía aprendió a usar palabras en vez de patadas, y su volcán dejó de hacer erupción.

Lucía ya había aprendido a usar palabras cortas y sencillas para expresarse. Sin embargo, un día, quería algo con tantísimas ganas que su

volcán volvió a aparecer. De nuevo, Lucía volvió a patalear el suelo y a hacer grandes estruendos con su trompa.

A papá elefante se le ocurrió otra idea:

—¿Y si pataleamos el suelo con un propósito?

Los papás de Lucía entendían que la frustración era difícil de gestionar, pues ellos, aun siendo adultos, también tenían momentos como el de su pequeña elefantina.

Papá elefante pensó en lo que él hacía cuando se sentía frustrado: salir a correr. Así, se le ocurrió una actividad para Lucía: patalear el suelo… ¡BAILANDO!

A partir de ese día, papá y mamá elefantes, y Lucía Elefantina, bailaban juntos cuando se sentían frustrados. Después de bailar se sentían muchísimo mejor y hablaban de lo que había sucedido.

Así, toda la familia elefante aprendió que, cuando algo explota, se puede soltar de una manera positiva y divertida.

Truquito: moverse físicamente con la intención de descargar la frustración permite luego gestionarla mejor. Apto para adultos :)

Coco, el conejito valiente

Coco era un conejito que no quería separarse de sus papás cuando llegaba al bosque-escuela. Temía que se olvidaran de él. Su papá le reveló un secreto: un abrazo mágico.

—Cada vez que extrañes a papá y mamá, cierra los ojos y siente mi abrazo en tu corazón —dijo papá conejo.

Al principio, Coco tenía miedo, pero con cada abrazo imaginario, se sentía más seguro. Pronto, se dio cuenta de que sus papás siempre volvían a por él.

Con el tiempo, Coco el conejito aprendió a separarse de sus papás cuando iba al bosque-escuela, pero un día, a su clase le tocaba irse de excursión al parque. Coco estaba aterrado…, pensó que tendría a papá y mamá conejitos muy muy lejos.

Fue entonces cuando mamá conejito tuvo una idea: que Coco se llevara su zanahoria de seguridad. Este amuleto tan querido le ayudaba a dormir y a calmarse en momentos tristes. Si se sentía un poco preocupado, solo tenía que abrazarla y apretarla fuerte.

—Coquito, papá y yo estamos seguros de que te lo vas a pasar genial en el parque. Pero entendemos que estés un poco preocupado. Por eso, vamos a colgar tu zanahoria de seguridad en la mochila. Así, cuando nos eches de menos, podrás apretarla muuuuy fuerte —dijo mamá conejito.

Como sus papás le habían dicho, Coco se lo pasó en grande durante la excursión: vieron estatuas enormes, corrieron por el extenso parque repleto de flores silvestres e incluso cantaron y bailaron alrededor de árboles inmensos.

Coquito Conejito aprendió que abrazar su zanahoria era casi tan tierno y seguro como abrazar a sus papás conejo. A partir de ese momento, se la colgó en la mochila y desde entonces le acompaña a todos sus viajes y aventuras.

Truquito: las rutinas, las despedidas cortas y los objetos de confort ayudan a disminuir la ansiedad por separación. Es importante ofrecer al peque un objeto de apego que le sirva como «espacio seguro» para cuando no estéis.

Lila, la liebre saltarina

Había una vez una pequeña liebre llamada Lila que vivía en un hermoso prado lleno de flores de colores y hojas gigantes. Lila era muy rápida y ágil, pero tenía un pequeño problema: ¡siempre hacía todo sin pensar! Un día, su amiga, la tortuga Tina, le dijo:

—Lila, ¿quieres jugar conmigo a recoger hojas doradas?

Tina quiso explicarle las normas, pero antes de que se diera cuenta, Lila ya había saltado lejos, sin escuchar las reglas del juego.

—¡Lila, espera! —gritó Tina—. Hay que recoger solo las hojas que han caído al suelo, no las de los árboles. ¡Si intentas coger las de los árboles, saldrán volando antes de que puedas alcanzarlas!

Pero Lila ya no escuchaba. De un gran salto, arrancó una hoja dorada de un árbol. Enseguida, un viento fuerte sopló y… ¡puf! La hoja dorada desapareció en el aire.

—¡Oh, no! —dijo Lila con gran tristeza—. No escuché la regla y ahora mi hoja dorada se ha ido.

Tina sonrió y le dijo con paciencia:

—Por eso es importante escuchar antes de hacer las cosas, Lila. Si lo intentas de nuevo con calma y tranquilidad, seguro que lo harás mejor. Pero antes, muévete un poco y respira profundamente; ahora estás demasiado agitada para seguir.

Lila respiró hondo antes de actuar, y esta vez permaneció quieta, escuchando las reglas. Luego, con cuidado, recogió una hermosa hoja dorada del suelo. Ese día, Lila aprendió que, antes de actuar, es bueno parar, pensar y escuchar. Gracias a ello, sus saltos se volvieron más sabios y mucho más divertidos.

Truquito: practicar técnicas de respiración (inflar un globo, desinflar un globo), explicar las normas de una manera clara y sencilla, y acompañar y ejemplificar la paciencia con técnicas físicas.

El gran rescate nocturno

Gabriela, una pequeña gatita, tenía miedo de la oscuridad porque pensaba que los monstruos vivían en ella. Su abuela le regaló una linterna mágica y le dijo que cada vez que sintiera miedo, podía encenderla y así comprobaría que todo seguía igual.

Una noche, Gabriela vio que su cuarto era el mismo de siempre, pero con sombras divertidas. Desde entonces, convirtió la oscuridad en un juego y su miedo desapareció por completo.

Gabriela ya había aprendido a jugar con la oscuridad y parecía que no le daba miedo, pero una noche, cuando ya estaba casi dormida, escuchó un ruido extraño. Con su pequeña mantita en las manos, se fue a la cama de papá y mamá gato.

—He escuchado un ruido y no sé qué es… me da miedo —susurró Gabriela Gatita, con los ojos bien abiertos.

Los cuidadores de Gabriela entendieron que ella tenía miedo, así que le permitieron dormir en su cama, con la condición de que solo sería por esa noche. Pero Gabriela quiso seguir durmiendo en la cama de sus papás la noche siguiente y la otra… y todas las noches.

Los cuidadores de Gabriela estaban preocupados, pues ella tenía una cama preciosísima y nunca quería dormir en ella. Además, la cama de los papás se quedaba pequeña con los tres durmiendo en ella.

Ante esta situación, sus cuidadores diseñaron una rutina: bañaban a Gabriela antes de la cena, después se ponían todos juntos en su cama, leyéndole un cuento y haciéndole un pequeño masaje hasta que la pequeña gatita lograba dormirse.

Gabriela durmió durante toda la noche, y papá y mamá gato también. Desde ese día, Gabriela Gatita dormía profundamente en su cama todas las noches. Nunca volvió a escuchar ningún ruido, porque ya descansaba bien.

Truquito: las rutinas antes de ir a la cama son fundamentales para un buen descanso. Una lectura corta acompañada de unas caricias o un masaje relajante son ideales para nuestros pequeños.

Nico y su trenecito

A Nico le encantaba jugar con su tren, pero no le gustaba compartirlo. Un día, sus amigos le propusieron construir juntos una gran ciudad ferroviaria, con la condición de que todos tenían que compartir sus juguetes.

Al principio, a Nico no le convenció la idea, pero cuando vio lo increíble que era jugar en equipo, comprendió que compartir hacía el juego más divertido. Desde entonces, jugar con amigos fue su actividad favorita.

Nico ya compartía su trenecito mágico, y hasta le parecía divertido jugar con sus amigos. Sin embargo, un día vino a casa su prima María. María era una prima lejana a la que casi no veía, pues vivía en otra ciudad.

Cuando María llegó a casa de Nico, le preguntó si quería jugar con ella. Nico no parecía muy convencido… Sus juguetes eran muy bonitos y no quería compartirlos.

—Nico, cariño, si algún juguete se rompe, tenemos muchos más en la estantería —dijo su papá.

Luego, la tía se acercó a Nico y a María y les planteó algunas reglas para que los dos pudiesen jugar con tranquilidad.

—Veamos… ¿queréis jugar a construir una ciudad? Nico tiene un juego de Lego muy chulo; seguro que entre los dos construís la ciudad más bonita y grande de todas. Para que ambos podáis participar, repartiré las fichas y vosotros tendréis que poneros de acuerdo en los edificios que quiere hacer cada uno.

Al principio, Nico y María levantaron muchos edificios y se lo pasaron en grande. Cada uno construía uno con sus piezas, y luego los juntaban para formar la ciudad. Sin embargo, al cabo de un rato Nico se sintió un poco mal.

—María construye más deprisa… Hace más edificios que yo —le dijo a su tía.

—María es mayor que tú, Nico, por eso va un poquito más rápido. Pero tú, al ser más pequeño, haces unos edificios diferentes y divertidos.

Cada uno tiene su manera de construir, y lo importante es que la ciudad queda preciosa gracias a estas diferencias. Los edificios de María son más rápidos y más serios; los tuyos, muy divertidos y creativos. Y la combinación de todos los edificios hace una ciudad única y superdiferente.

Nico y María terminaron de crear su ciudad y se la enseñaron a sus papás y mamás, que los felicitaron por el trabajo en equipo.

—¡Qué bonita ha quedado! Me encanta la idea de combinar tantos tipos de edificios. La mezcla de unos con otros ha quedado espectacular.

Al final, Nico entendió que los edificios, igual que las personas, no tienen por qué ser iguales. Aprendió que lo importante es saber compartir y combinar las diferencias de cada uno para que todo quede genial en conjunto.

Truquito: establecer normas claras al principio del juego y solo intervenir entre los pequeños cuando sea necesario (permitir que aprendan a regularse entre ellos). Alabar las diferencias individuales, fomentando que estas enriquezcan el conjunto.

Leticia y los límites

Leticia era una niña curiosa y traviesa. Le encantaba saltar en los charcos, dibujar en las paredes (¡con rotuladores de colores!) y, sobre todo, explorar los límites de su gran imaginación y curiosidad.

Un día, mientras su mamá preparaba la cena, Leticia decidió que era un buen momento para jugar con la harina. ¡POF! En un segundo, la cocina se convirtió en un campo de nieve.

—Leticia… —dijo su mamá con una ceja levantada.

—Fue un experimento, quería probar qué pasaba —respondió Leticia, sonriendo de oreja a oreja. Estaba explorando su curiosidad, experimentando para ver qué sucedía.

Mamá suspiró y, con calma, le entregó una escoba.

—Los experimentos son divertidos, pero también un poco sucios. Ahora toca limpiar. No estoy enfadada, es normal que quieras probar cosas, pero cuando quieras hacerlo, puedes preguntarme antes. De esta manera, te acompañaré en tu experimento y podremos hacerlo de una manera segura y divertida.

Leticia gruñó un poco, pero al final barrió toda la harina con la ayuda de su mamá.

Al día siguiente, mientras papá ponía la mesa, Leticia decidió que los espaguetis eran más divertidos en el suelo que en el plato.

—¡Lluvia de fideos! —gritó, lanzándolos al aire.

Papá la miró con paciencia y le señaló la silla.

—Has tirado la comida; ahora no podrás comértela toda. El suelo está sucio y lo que se tira ya no se puede llevar a la boca. Hoy cenarás solo lo que queda en tu plato, y además, me ayudarás a limpiar.

Leticia cruzó los brazos. No le gustaban esas reglas. No obstante, cuando su pancita empezó a gruñir, entendió que quizás lanzar la comida no era tan buena idea.

Otro día, Leticia decidió que no quería ponerse el abrigo para salir al parque.

—No tengo frío —dijo, aunque sus dientes castañeteaban.

Mamá, después de insistirle, se rindió y salió de casa sin el abrigo de Leticia y sin decir nada. Al llegar al parque, Leticia corrió y saltó, pero pronto sintió el viento frío en sus brazos.

—Mamá… —susurró.

—Lo sé, cariño, sé que tienes frío. Ahora vamos a casa, estarás más calentita. Otro día, cuando salgas de casa con tu abrigo, podremos quedarnos más rato jugando, porque no pasarás tanto frío —dijo mamá con una sonrisa.

Con el tiempo y las consecuencias inmediatas, Leticia aprendió que los límites no eran tan malos. Le enseñaban a elegir mejor y a sentirse segura.

Y aunque a veces seguía poniendo a prueba a sus cuidadores, ya sabía que cada regla tenía una razón… y que las consecuencias la ayudaban a crecer y aprender.

Truquito: permitirles experimentar la curiosidad y la imaginación a menudo, dentro de espacios y límites seguros; establecer consecuencias directas e inmediatas, nunca castigos. Por ejemplo, si le dices a tu hijo o hija: «Si tiras la comida, mañana no irás al parque», lo más probable es que mañana sí lo llevéis al parque y nuestro peque no entenderá que sus acciones tienen consecuencias claras y visibles. La solución sería: «Has tirado la comida. Ahora debes ayudar a recogerla y solo podrás comerte lo que quede en el plato, ¡porque lo del suelo ya no se puede comer!».

Preguntas complejas sobre el entorno

- Sobre la muerte: A veces, cuando una persona es muy, muy viejita o sufre un accidente muy grave, su cuerpo deja de funcionar. Eso se llama morir. Cuando esto pasa, ya no podemos ver ni tocar a esas personas, pero siempre podemos recordarlos y pensar en ellas. Si alguna vez las echamos de menos, podemos hablar con alguien sobre ellos o abrazar muy fuerte una foto suya o un peluche que nos recuerde a esa persona tan especial.

- Sobre el nacimiento: Todos empezamos siendo bebés: tú, tus amigos, tus primas y primos... Y todos somos tan pequeñitos que cabemos en la barriguita de una mamá. La barriga de una mamá es como una cueva acogedora y allí dentro es donde crecemos. Mamá nos pasa la comida, nos da agua para beber y nos sopla para darnos aire. Cuando el bebé crece, está listo para salir de esa cueva, para salir de la barriga de mamá. Y entonces, en vez de vivir en una cueva, vive en casa.

- Sobre dos personas que se separan: A veces, los papás y las mamás deciden vivir en casas diferentes porque buscan hacer actividades distintas. Imagina que tu amigo quiere dormir un montón todos los días, mientras que tú quieres jugar un montón. No se pueden hacer las dos cosas. Entonces, tu amigo irá a su casa a dormir y tú irás a tu casa a jugar. De esta manera, tú podrás hacer lo que quieres y él también. A pesar de ello, sigues queriendo mucho a tu amigo, y él también te quiere mucho a ti. Lo que pasa es que queréis hacer cosas diferentes. A veces, las personas que nos cuidan también quieren hacer cosas distintas. Por eso tienen que hacerlas por separado.

UN RECORDATORIO para los adultos:

Sois nuevos en esto, pero podéis hacerlo, de hecho, ¡ya lo estáis haciendo! Es normal agobiarse, es normal equivocarse y es más que normal sentir que el mundo se os viene encima. Vuestra rutina y vuestras vidas han cambiado PARA SIEMPRE y es imprescindible que entendáis y aceptéis esta realidad. Los primeros meses son un caos; el bebé depende tanto de vosotros como cuando aún estaba en la barriga, pero, poco a poco, él tendrá más autonomía y vosotros más rutina. No tengáis prisa.

Dejad la casa y las lavadoras para luego, porque vuestra prioridad es la salud y el bienestar de esta nueva criatura. Haced turnos para descansar, para hacer tareas y para cuidar al bebé, también para dedicaros tiempo a vosotros mismos. Cuanto mejor estéis, mejor estará y se sentirá el peque.

Y, sobre todo, ¡disfrutad del proceso! Que ni el miedo ni la inseguridad desvíen vuestra mirada de lo más importante: la nueva vida que nace y crece en vuestra familia.

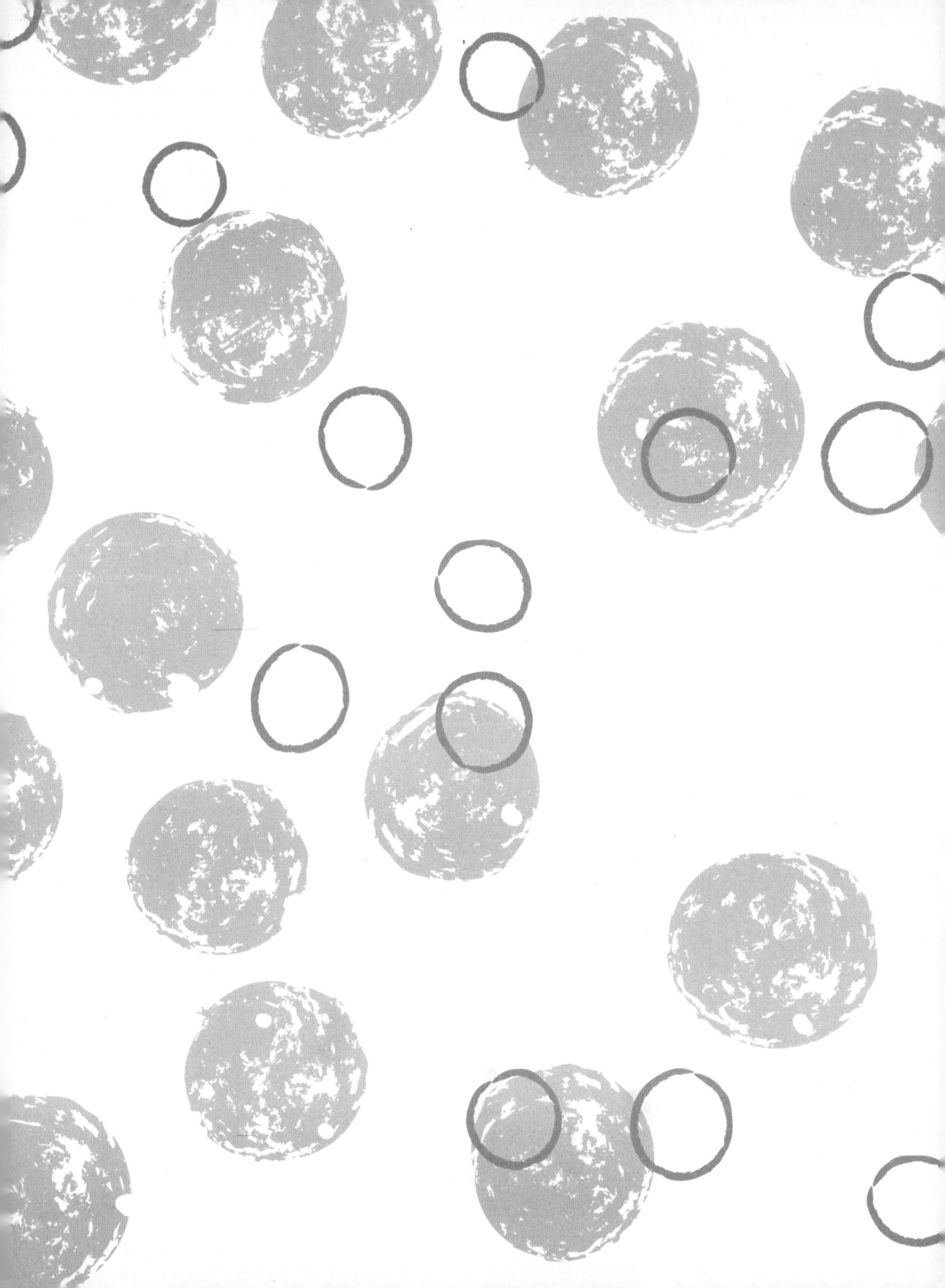